De puntillas en Lugares Escalofriantes

CASAS FANTASMALES

por Jessica Rudolph

Consultora: Ursula Bielski
Escritora e investigadora de fenómenos paranormales
Fundadora de Chicago Hauntings, Inc.

BEARPORT PUBLISHING

New York, New York

Créditos

Cubierta, © Gulden Kunter Tikiroglu/iStock; TOC, © Eponaleah/Shutterstock and © Jagoush/Shutterstock; 4–5, © Razvan Ionut Dragomirescu/Shutterstock; 6, © kropic1/Shutterstock; 7, © Everett Historical/Shutterstock; 7T, © GL Archive/Alamy; 8, © FABIANO/SIPA/Newscom; 9, © Everett Historical/Shutterstock; 10, © Franck Fotos/Alamy; 11T, © ajt/Shutterstock; 11B, Public Domain; 12, Public Domain; 13, © FILE PHOTO KRT/Newscom; 14, © Gettysburg Tours; 15T, © The Miriam and Ira D. Wallach Division of Art, Prints and Photographs: Photography Collection, The New York Public Library; 15, © Niday Picture Library/Alamy; 16–17, © Merydolla/Shutterstock; 16, © Gettysburg Tours; 17, © Donna Beeler/Shutterstock; 18, © Sytilin Pavel/Shutterstock; 19, © Greg Vaughn/Alamy; 20, © MARGRIT HIRSCH/Shutterstock; 21, © Iriana Shiyan/Shutterstock; 21BR, © Duncan Walker; 23, © Stephanie Connell/Shutterstock.

Director editorial: Kenn Goin
Editora: J. Clark
Traductora: Eida Del Risco
Editora de español: Queta Fernandez
Director creativo: Spencer Brinker
Investigador de fotografía: Thomas Persano
Cubierta: Kim Jones

Datos de catalogación de la Biblioteca del Congreso

Names: Rudolph, Jessica, author. | Del Risco, Eida, translator.
Title: Casas fantasmales / por Jessica Rudolph.
Other titles: Ghost houses. Spanish
Description: Nueva York, Nueva York : Bearport Publishing, 2018. | Series: De puntillas en lugares escalofriantes | Includes bibliographical references and index. | Audience: Ages 5–8.
Identifiers: LCCN 2017011837 (print) | LCCN 2017017211 (ebook) | ISBN 9781684023950 (ebook) | ISBN 9781684023868 (library)
Subjects: LCSH: Haunted houses—Juvenile literature. | Ghosts—Juvenile literature.
Classification: LCC BF1475 (ebook) | LCC BF1475 .R8318 2018 (print) | DDC 133.1/22—dc23
LC record available at https://lccn.loc.gov/2017011837

Para más información, escriba a Bearport Publishing Company, Inc., 45 West 21st Street, Suite 3B, New York, New York 10010. Impreso en los Estados Unidos de América.

10 9 8 7 6 5 4 3 2 1

Contenido

Casas fantasmales

Es una noche nublada. Los murciélagos vuelan por encima de ti mientras pasas junto a una casa oscura y vacía. Parece que nadie haya vivido allí en muchos años. De repente, crees ver un par de ojos que te espían desde la ventana más alta. ¡Y entonces los ojos desaparecen! ¿Fue solo tu imaginación?

Prepárate para leer cuatro historias espeluznantes acerca de casas embrujadas. Pasa la página... ¡si te atreves!

"Han matado al Presidente"

Casa Blanca, Washington, DC

En 1865, el presidente Abraham Lincoln tuvo un sueño horrible. En él, veía a un soldado de la guardia junto a un **cadáver** en la Casa Blanca. Cuando Lincoln le preguntó quién había muerto, el soldado dijo: "Un **asesino** ha matado al Presidente".

La Casa Blanca

Un mes más tarde, Lincoln fue asesinado.

Lincoln estaba mirando una obra de teatro cuando le dispararon.

El arma que mató a Lincoln

Desde su muerte, muchos dicen haber visto el **espíritu** de Lincoln. En la década de 1940, una visitante que pasó la noche en la Casa Blanca, se despertó por un golpe en la puerta. Cuando la abrió, vio de pie ante ella al fantasma de Lincoln.

La habitación de Lincoln en la Casa Blanca

¡La visitante se desmayó al ver el espíritu! Cuando se despertó, el fantasma de Lincoln ya se había ido.

El asesino del hacha

La casa de Lizzie Borden, Fall River, Massachusetts

Muchos de los que visitan la Casa Borden ven y escuchan cosas extrañas. ¿Por qué? Podría ser porque allí fueron **brutalmente** asesinadas dos personas.

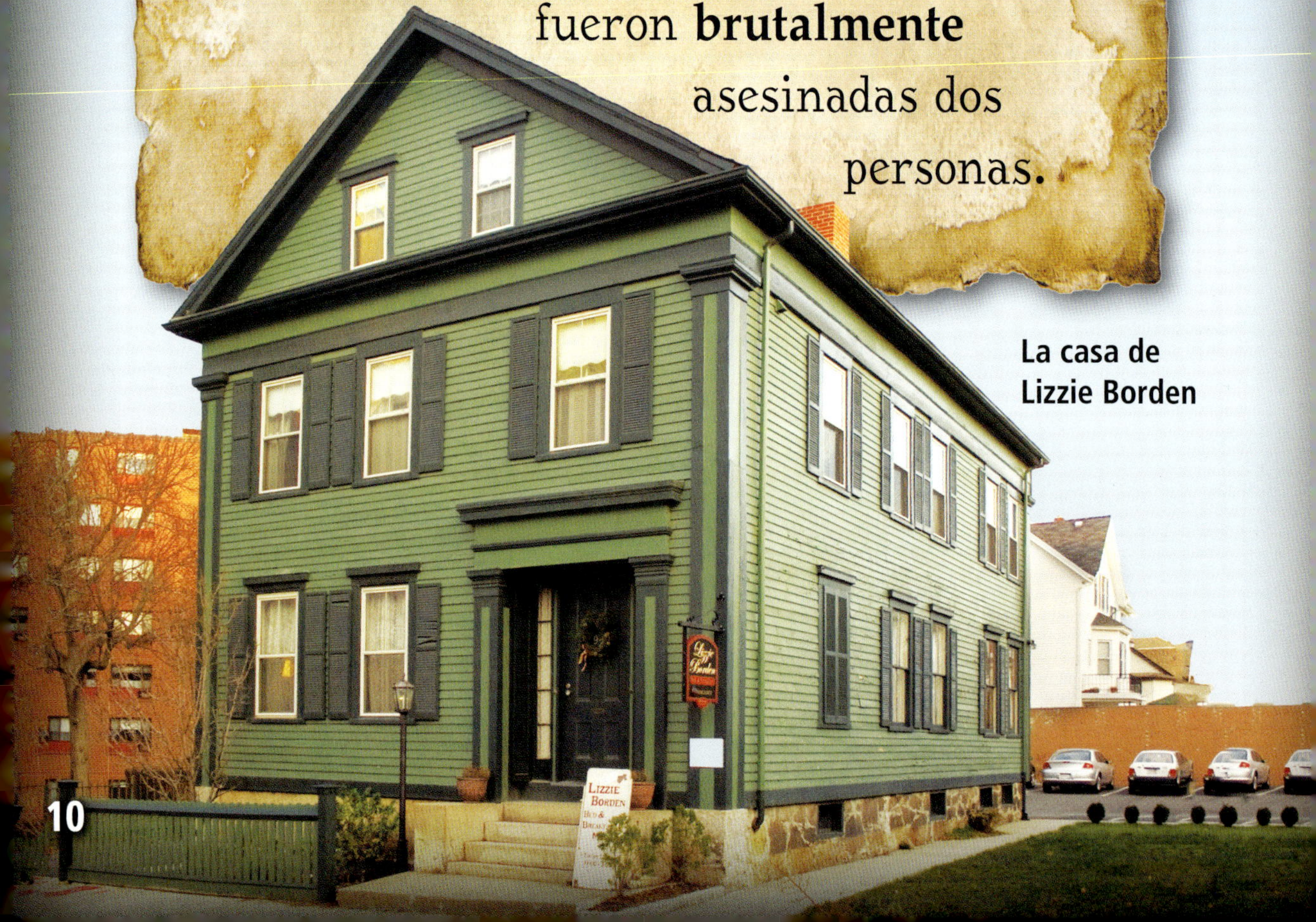

La casa de Lizzie Borden

Un día de 1892, una mujer llamada Abby Borden hacía su cama. De pronto, alguien se le aproximó por detrás. La persona la golpeó con un hacha. Después de 19 hachazos en la cabeza, Abby cayó muerta.

El cuerpo de Abby

El esposo de Abby

Momentos después, el asesino se deslizó hasta la sala. Allí, el esposo de Abby tomaba una siesta y ¡zas! ¡zas! ¡zas! fue asesinado de la misma manera **horripilante.**

Hoy en día, algunos visitantes de la Casa Borden escuchan los **escalofriantes** gritos de una mujer. Otros despiertan en medio de la noche y ven el fantasma de una mujer que los arropa. ¿Podría ser el espíritu de Abby Borden?

Lizzie, la hija de los Borden, fue llevada a **juicio** por el asesinato. Sin embargo, no hubo suficiente **evidencia** de que había matado a sus padres, por lo que fue liberada.

Un disparo durante la batalla

La casa de Jennie Wade, Gettysburg, Pensilvania

Hay muchos agujeros de bala en el exterior de la casa de Jennie Wade. Hace más de 150 años, la batalla más mortífera de la Guerra Civil se libró en Gettysburg. Jennie y su familia vivían en una casa justo en el medio de la zona de guerra.

La casa de Jennie Wade

Jennie quería ayudar a los soldados del Norte y les horneaba pan. Era algo peligroso. ¡Pum! ¡Pum! ¡Pum! Los soldados del Sur le disparaban a la casa noche y día.

Jennie Wade

La Guerra Civil estadounidense (1861–1865) se libró entre los estados del Norte y los del Sur.

El 3 de julio de 1863, en el momento en que Jennie estaba inclinada sobre el horno, una bala atravesó la puerta de la casa. Le dio en la espalda. Jennie se derrumbó. La sangre cubrió el suelo. En pocos minutos, estaba muerta.

Un agujero de bala en la puerta delantera.

Hoy en día, algunos visitantes de la casa dicen sentir el olor a pan recién horneado. Algunos incluso dicen haber visto el fantasma de una joven en la cocina, trabajando sin descanso para ayudar a los soldados del Norte.

¿La casa más embrujada?

Casa Whaley, San Diego, California

¿Por qué la casa Whaley es conocida como una de las más embrujadas de Estados Unidos? Todo empezó con un ladrón llamado "Yankee" Jim Robinson. En 1852, lo atraparon robando un bote y lo colgaron.

Cinco años después, Thomas Whaley y su esposa, Anna, construyeron una casa en el lugar donde habían **ejecutado** a Yankee Jim.

Pronto los Whaley empezaron a escuchar pasos estruendosos. ¡Plam! Plam! Los pasos parecían venir de las botas de un hombre grande. ¿Era el fantasma de Yankee Jim?

Entonces, empezaron a suceder cosas horribles en la casa. El bebé de los Whaley se enfermó y murió. En 1885, su hija, ya grande, se mató de un disparo. Thomas y Anna estaban abrumados de la tristeza. ¿Habría puesto una **maldición** en la casa el fantasma de Yankee Jim?

Hoy en día, la gente que ha visitado la casa dice haber visto cosas extrañas. Una niña vio el espíritu de Thomas... que enseguida desapareció. Es posible que Thomas esté condenado a vivir en la casa, **afligido** por la muerte de sus hijos.

Los visitantes de la casa Whaley han reportado que sienten que los miran, que ven luces parpadeantes y experimentan **puntos fríos**.

Casas fantasmales en Estados Unidos

Casa Whaley
San Diego, California

Visita el sitio donde colgaron a un ladrón y hay una casa maldita.

Casa de Jennie Wade
Gettysburg, Pensilvania

Visita una panadera fantasma en una casa llena de agujeros de bala.

Casa de Lizzie Borden
Fall River, Massachusetts

¡Mira la escena de dos asesinatos espantosos!

Casa Blanca
Washington, DC

Visita el famoso hogar del fantasma de un presidente.

GLOSARIO

afligido que siente una tristeza grande

asesino persona que mata a otra

brutalmente de forma muy cruel

cadáver cuerpo sin vida

ejecutado que lo han matado

escalofriante pavoroso, temible

espíritu ser sobrenatural, tal como un fantasma

evidencia hechos que prueban un suceso

horripilante horrible y repulsivo

juicio examen de los hechos en un tribunal para decidir si una acusación es verdadera

maldición hechizo que trae infelicidad o mala suerte

puntos fríos áreas donde el aire se siente más frío que el aire alrededor de ellas, y que se piensa que pueden ser causadas por la presencia de fantasmas

Índice

Lee más

Ketteman, Helen. *At the Old Haunted House.* Nueva York: Two Lions (2014).

Speregen, Devra Newberger. *Curse of the Haunted House (Cold Whispers).* Nueva York: Bearport (2016).

Aprende más en línea

Para aprender más sobre casas fantasmales, visita:
www.bearportpublishing.com/Tiptoe

Acerca de la autora

Jessica Rudolph es una escritora y editora de Connecticut. Por lo general, trata de evitar las casas embrujadas, pero algún día espera tropezarse con el fantasma de Lincoln mientras esté dando un tour por la Casa Blanca.